BEI GRIN MACHT S
WISSEN BEZAHLT

Diversität in Science-Fiction

Eine Analyse des Diversity Managements in Star Trek

GRIN :)

Bibliografische Information der Deutschen Nationalbibliothek:

Die Deutsche Nationalbibliothek verzeichnet diese Publikation in der Deutschen Nationalbibliografie; detaillierte bibliografische Daten sind im Internet über http://dnb.d-nb.de abrufbar.

ISBN: 9783346503541
Dieses Buch ist auch als E-Book erhältlich.

Druck und Bindung: Books on Demand GmbH, Norderstedt Germany
Gedruckt auf säurefreiem Papier aus verantwortungsvollen Quellen

Das vorliegende Werk wurde sorgfältig erarbeitet. Dennoch übernehmen Autoren und Verlag für die Richtigkeit von Angaben, Hinweisen, Links und Ratschlägen sowie eventuelle Druckfehler keine Haftung.

Das Buch bei GRIN: https://www.grin.com/document/1132389

DIVERSITY MANAGEMENT IN POPULAR SCIENCE FICTION

Am Beispiel von *Star Trek*

SEMINARARBEIT
Im Rahmen des Seminars
„Geisteswissenschaften – Wirtschaft interdisziplinär"

Inhaltsverzeichnis

1 Einleitung

Allein im Jahre 2015 sind etwa 890.000 Schutzsuchende aus den verschiedensten Ländern zu uns gekommen. Überwiegend stammen diese Flüchtlinge aus Syrien, Afghanistan, dem Iran oder Irak. Dabei sind ihre Motive ebenso vielfältig wie ihre Herkunftsländer: politische Verfolgung, Krieg und Armut. Somit steht Deutschland nun als eines der Hauptaufnahmeländer vor der großen Herausforderung all diese Menschen in unserem Land zu integrieren, um ihre Kompetenzen produktiv in unsere Gesellschaft einzubringen und ihnen eine neue Heimat zu schaffen. Aus diesem Grund spielt Diversity Management besonders aktuell eine wichtige Rolle, um ebendiese Entwicklung zu meistern. Denn die Menschen, die nun nach Europa kommen, stammen aus grundlegend verschiedenen Kulturkreisen. Sie sprechen eine andere Sprache, sie haben einen anderen Glauben und zuweilen eine andere Vorstellung der Rollenverteilung von Mann und Frau. So treffen gegensätzliche Kulturkreise aufeinander, die es nun gilt zu managen und zusammen zu bringen, um gemeinsam in Deutschland zu leben und zu arbeiten.

Der Ansatz des Diversity Management ist derweil keine neue Überlegung, sondern findet seine Ursprünge bereits in den 60er Jahren. Dabei existiert heute eine Vielzahl differenzierter Ansätze, um Diversität zu fördern und produktiv zu koordinieren. Damals fanden sich die ersten Ansätze in der Science-Fiction Serie *Star Trek*. Zum ersten Mal, wurden Frauen in Führungspositionen auf einer wissenschaftlichen Forschungsmission eingesetzt und trotz der politischen Spannungen zwischen den USA und Japan oder Russland, befanden sich auch ein japanischer und russischer Offizier auf dem Raumschiff Enterprise unter dem Kommando von Captain Kirk. Der Umgang mit den unterschiedlichen Dimensionen von Diversität, sowie insbesondere die konkrete Umsetzung des Diversity Management in *Star Trek*, sollen daher in der vorliegenden Seminararbeit analysiert werden. Daher geht es zunächst um eine Begriffsdefinition der relevanten Termini wie den der Diversität und des Diversity Managements. Außerdem wird das Genre Science-Fiction und dessen Bedeutung für die Analyse sowie die historische Betrachtung zur Zeit der ersten Serie Bestanteil der Arbeit sein. Auf Basis dessen baut die Analyse der konkreten Umsetzung des Diversity Managements zum einen in der originalen Serie *Star Trek / Raumschiff Enterprise* sowie vergleichend die Analyse im Film *Star Trek* von 2009 auf. Gewählt wurden diese Verfilmungen, da sie die gleiche Besatzung aufweisen und sich daher gut vergleichend betrachten lassen können. Somit wird nicht nur das Diversity Management zu zwei unterschiedlichen Zeitpunkten in der Geschichte analysiert, sondern diese Analyse birg gleichzeitig die Möglichkeit eine Entwicklung im Umgang mit Diversity (Management) zu illustrieren.

2 Diversität und Diversity Management

2.1 Diversität

Der Begriff Diversität oder Diversity ist gleichzusetzen mit dem Ausdruck Vielfalt oder Vielfältigkeit. Da diese Definition jedoch sehr weit gefasst ist, individuelle, soziale und strukturelle Unterschiede und Lebensstile umfasst und Diversität somit „als Sammelbegriff für gesellschaftlich als relevant anerkannte Unterschiedsmerkmale verstanden (…)" (Bendl, Hanappi-Egger, Hofmann, 2012, S.11) werden kann, bieten die „Four Layers of Diversity" von Lee Gardenswartz und Anita Rowe einen Systematisierungsansatz, der innere, äußere und organisationale Dimensionen abgrenzt, welche abhängig von Kontext, Situation und Ziel für den jeweiligen Sachverhalt relevant sind. Dabei ist zu beachten, dass oft Interdependenzen zwischen den einzelnen Dimensionen bestehen und diese kaum einmal isoliert betrachtet werden können, sondern dass stets eine „multidimensionale Vielfalt von Dimensionen und intersektional verbundene und verflochtene Identitätsaspekte" (Charta der Vielfalt e.V., 2017) zu berücksichtigen sind. Daraus folgt, dass nicht nur eine Unterschiedsdimension in den Fokus gestellt werden kann, sondern, dass zum einen in der Analysephase des Diversity Managements viele Merkmale der einzelnen Dimensionen Berücksichtigung finden. Anschließend werden dann die relevanten Dimensionen selektiert (vgl. Abdul-Hussain, Hofmann, 2013). So kann man beispielsweise Frauen nicht allein aufgrund ihres Geschlechts beurteilen, sondern muss, vor allem im Unternehmen, auch Aspekte wie Ausbildung, Berufserfahrung oder die bisher behandelten Arbeitsinhalte additiv berücksichtigen. Zum anderen können diese Dimensionen nicht getrennt voneinander betrachtet oder gar beurteilt werden, da Interdependenzen zwischen den verschiedenen Ebenen bestehen. Sie werden miteinander verflochten (Intersektionalität). „Denn alle Menschen haben mehrere Zu- und Nichtzugehörigkeiten bzw. unterschiedliche Identifikationen mit den Dimensionen."(ebenda). So kann jemand mit 23 Jahren zwangsläufig noch nicht über die gleiche Berufserfahrung verfügen, wie jemand im Alter von 50 Jahren. Jedoch verfügt er gegebenenfalls über neue und innovative Methoden und Theoriewissen, welche er gewinnbringend einsetzen kann.

Abbildung 1 Layers of Diversity von Gardenswartz und Rowe

Anmerkung der Redaktion: Die Abbildung wurde aus urheberrechtlichen Gründen entfernt.

Wie in Abbildung 1 zu sehen ist, beinhaltet die innere Dimension all jene Spezifikationen, die vom Menschen in der Regel nicht beeinflusst werden können. So nimmt nach außen hin die mögliche Einflussnahme stetig zu. Wo und in welcher Abteilung ein Arbeitnehmer arbeiten möchte beispielsweise, ist ihm ganz und gar freigestellt und ist daher der organisationalen Dimension zuzuordnen. Im Folgenden wird aus diesem Grund der Schwerpunkt auf eben jene nicht beeinflussbare innere Dimension gelegt, da selbst in der heutigen Praxis Menschen, in diesem Fall Arbeitnehmer, aufgrund von Ethnizität, Geschlecht oder Alter diskriminiert und benachteiligt werden. Zur genaueren Betrachtung der inneren Dimension und zur Verdeutlichung ihrer Bedeutsamkeit für die folgende Analyse der Diversität in der Serie und dem Film *Star Trek,* werden sie im nachfolgenden Kapitel differenziert erläutert.

2.2 Dimensionen von Diversität

Widmen wir uns also nun einer vertiefenden Betrachtung der sogenannten „Big 6" (Bendl, Eberherr, Mensi-Klarbach, 2012, S.79): Alter, Behinderung, Ethnizität, Gender, Religion und sexuelle Orientierung. Wobei jedoch nicht alle Dimensionen in unserem Kontext gleich relevant sind. Allerdings geht es zunächst darum, jede dieser Dimensionen zu charakterisieren und im weiteren Verlauf diejenigen, die im Zusammenhang mit Diversity Management in *Star Trek* bedeutend sind, zu identifizieren und in der Analyse kritisch zu durchleuchten.

Zudem ist anzumerken, dass sich die Definition von Bendl, Eberherr und Mensi-Klarbach insofern von dem 4 Layers of Diversity Konzept unterscheidet, als dass sie die verschiedenen Ausprägungen der inneren Dimension von Gardenswartz und Rowe gleichermaßen als Dimensionen betiteln. Im Folgenden sprechen wir daher auch von den einzelnen Dimensionen, welche sich alle in der inneren Dimension befinden. All diesen sechs Dimensionen ist gemein, dass sie eine bestimmte Gruppe von Individuen kategorisieren, bewerten und stigmatisieren (vgl. ebenda, S.80). Aufgrund der Existenz von Unterscheidungsmerkmalen zwischen Menschen, kommt es zu Diskriminierung und Stereotypenbildung, was in der Gesellschaft dazu führt, gewisse Gruppen einer Dimension zu bevorzugen und simultan andere zu benachteiligen. (vgl. Liegl, 2011, S.60f.) Wie bereits erwähnt, darf jedoch nicht die Interdependenz der einzelnen Kategorien außer acht gelassen werden. Denn Kategorisierung aufgrund nur einen Merkmals, kann einen Menschen weder zulänglich charakterisieren, noch lässt sich aufgrund dieses Merkmals eine Aussage über Produktivität oder Kompetenz eines Arbeitnehmers treffen.

Alter: der heute zu beobachtende demographische Wandel mit sinkender Geburtenrate und einer gleichzeitig gestiegenen Lebenserwartung dank des medizinischen Fortschrittes, stellt

Gesellschaft und Wirtschaft vor eine neue Herausforderung. (vgl. Berger, Kahlert, 2006, S.9) Nun stellt sich jedoch die Frage, ab wann ein Mensch jung oder alt ist. Es wird deutlich, dass es sich um eine relationale Kategorie handelt (vgl. Bendl, Eberherr, Mensi-Klarbach, 2012, S.83), was bedeutet, dass ein Mensch mit 40 im Vergleich zu einem 25-jährigen als alt betrachtet werden kann, er jedoch im Vergleich zu einem Menschen mit 80 Jahren vermutlich als jung eingestuft wird. „In der konstruktivistisch orientierten Alters- und Diversitätsforschung wir Alter daher als gesellschaftlich konstruiert konzipiert; d.h. Alterszuschreibungen werden in alltäglichen Interaktionen hergestellt, bestätigt, aktualisiert, dauerhaft verfestigt oder auch geändert." (ebenda). Die Relevanz der Dimension Alter spielt ebenfalls bei der Teambildung eine zentrale Rolle, da unterschiedliches Wissen aus unterschiedlichen Generationen zusammengeführt wird und so ein differenzierterer Blickwinkel auf eine Problemstellung entwickelt werden kann (vgl. Charta der Vielfalt e.V., 2017) Generationenvielfalt ist somit ein wichtiger Faktor im Diversity Management.

Behinderung: oft mit negativen Beigeschmack, wird Behinderung mit einer verminderten Arbeitsleistung und Qualitätseinbußen in diesem Zusammenhang gleichgestellt (vgl. Charta der Vielfalt e.V., 2017). Doch neutral betrachtet wird er von der UN Konvention in Artikel 1 Satz 2 wie folgt definiert : Der Begriff bezieht sich „auf Menschen, die langfristige körperliche, seelische, geistige oder Sinnesbeeinträchtigungen haben, welche sie in Wechselwirkung mit verschiedenen Barrieren an der vollen, wirksamen und gleichberechtigten Teilhabe an der Gesellschaft hindern können." (Praetor Intermedia UG (haftungsbeschränkt)). Daher sollte der Fokus nicht auf den Defiziten dieser Dimension - dieser Gruppe doch sehr heterogener Individuen (Bendl, Eberherr, Mensi-Klarbach, 2012, S.93) - liegen, sondern vor allem im Bereich der Unternehmenskultur Möglichkeiten aufgezeigt werden, wie Menschen mit Behinderung in Arbeitsprozesse – beispielsweise in Form von barrierefreien Arbeitsplätzen - integriert werden können.

Religion: aufgrund zunehmender Migration, steigt die Notwendigkeit in Unternehmen und auch in der Gesellschaft sich mit den verschiedenen Religionen auseinanderzusetzen. Heute gibt es in Deutschland nicht mehr nur die evangelische und katholische Kirche, sondern auch verstärkt muslimische Glaubensgemeinschaften, Buddhisten oder Juden. So müssen sich auch Unternehmen intensiver mit der „Heterogenisierung der Glaubensbekenntnisse" (ebenda, S.110) beschäftigen und beispielsweise Feiertage oder „Speiseangebote entsprechend der religiösen Gepflogenheiten" (Charta der Vielfalt e.V., 2017) anbieten, um diese Gruppen gleichermaßen anzusprechen und als potentieller Arbeitgeber attraktiv zu werden. Des

Weiteren können unterschiedliche Religionen neue Sichtweise auf Probleme bringen und somit die Kreativität der Arbeit fördern.

Ethnizität: „Abgeleitet von ‚Ethnie' (griech. *Ethnos*, „Volk") bezeichnet Ethnizität Konzepte der Selbst- und Fremdzuschreibung für Gruppen von Menschen auf der Grundlage soziokultureller Merkmale." (Universität Oldenburg, 2017) – so die Definition der Universität Oldenburg. So teilen ethnische Gruppen gemeinsame Wertevorstellungen und Normen, die sie von anderen Gruppen abgrenzen. In diesem Zusammenhang spielt auch die Sprache als mögliches Merkmal einer ethnischen Gruppe eine Rolle (vgl. Bendl, Hanappi-Egger, Mensi-Klarbach, 2012, S.97). In einer Welt, die durch Globalisierung und internationale Organisationen und Unternehmen geprägt ist, können interkulturelle und Menschen verschiedener Herkunft als wirtschaftlicher Erfolgsfaktor angesehen werden. Die Erschließung neuer Märkte in anderen Kulturen und ein besseres Verständnis anderer ethnischen Gruppen sind dabei nur zwei der Vorteile in internationalen, interkulturellen Unternehmungen. Verschiedene Sichtweisen werden auf diesem Wege aggregiert und ermöglichen neue, innovative Lösungsansätze für auftauchende Probleme. So profitiert auch die USS Enterprise immer wieder von der ethnischen Vielfalt ihrer Crew.

Sexuelle Orientierung: In der heutigen Gesellschaft gilt die Heterosexualität als die Normvorstellung. „Diese unhinterfragt, gesellschaftliche Norm bzw. der gesellschaftliche Druck zur Heterosexualität wird als Heteronormativität bezeichnet." (ebenda, S.116). Des Weiteren wir die sexuelle Orientierung in vielen Unternehmen auch heutzutage noch als Privatsache und somit als nicht relevant für die Unternehmenskultur angesehen. Trotz alledem ist ein Wandel zuerkennen. Allein die Tatsache, dass gerade die Ehe für alle gesetzlich verabschiedet wurde zeigt, dass vor allem Homosexualität ein ernst zunehmendes Thema ist und durchaus seine Relevanz in ökonomischen, sozialen und personellen Belangen eines Unternehmens aufweist.

Gender/ Geschlecht: diese Dimension findet nach und nach größere Beachtung unter ökonomischen Gesichtspunkten im Diversity Management in Unternehmen. Dafür gibt es laut der Charta der Vielfalt zwei Erklärungen: erstens rücken Frauen als Unternehmensressource aufgrund des demographischen Wandels in den Fokus von Unternehmen – diese müssen sich quasi zwangsläufig mit dem weiblichen Geschlecht auseinander setzen, da sonst ein Fachkräftemangel droht. Und zweitens, stellen geschlechtergemischte Teams einen nachgewiesenen Erfolgsfaktor für Unternehmungen dar. Da man dieses Potential erkannt hat, gilt es heute Frauen nachhaltig und langfristig zu binden und auch nach einer Geburt beispielsweise zurück ins Berufsleben zu führen. Denn „die Geburt eines Kindes stellt für Frauen noch immer einen nachhaltigen (...) Rückschritt in der Erwerbskarriere dar; (...)" (ebenda, S.106).

Generell gilt es zwischen dem biologischen und dem sozial erlebten Geschlecht zu unterscheiden. Aufgrund dessen gilt es Frauen nicht alleine um ihres Geschlechts willen einzustellen oder zu fördern, sondern um ihre „geschlechterspezifischen Werte, Verhaltensweisen, Umstände und Präferenzen" (Charta der Vielfalt e.V., 2017). Somit besteht noch großes Entwicklungspotential was die Gleichstellung, die Gleichbehandlung und die Chancengleichheit der Geschlechter betrifft.

2.3 Diversity Management

Wie bereits angedeutet, herrschen in der Gesellschaft verschiedene Geschlechter- und Diversitätsverhältnisse vor, die vor allem durch die von der Gesellschaft hergestellten und reproduzierten Dichotomien, also gegensätzlichen Begriffspaaren wie z.b. jung/alt, Mann/Frau, entstehen (vgl. Hofmann, 2012, S.23). Diese sorgen für „Wertigkeiten, soziale Legitimation, aber vor allem auch für Eindeutigkeit" (ebenda, S.24), also für eine vermeintlich fixe Identitätskonstruktion in der Gesellschaft, man könne zum Beispiel nicht Frau und Mann, sondern nur Frau oder Mann sein. Die dadurch gebildeten Normvorstellungen sind allerdings als problematisch anzusehen, da so Machtverhältnisse gebildet werden und es zu Ungleichverhältnissen und Ein- bzw. Ausschließungen gewisser Gruppen kommt (vgl. ebenda): „Dadurch werden jedoch (...) [zudem] andere Existenzmöglichkeiten (in diesen Fällen z.B. weder Frau noch Mann, sondern Transgender, nicht-heterosexuelle, sondern homosexuelle) ausgeblendet" (ebenda). Des Weiteren kommt es, im Zusammenhang mit der Globalisierung, zu einem stetigen Wachstumsprozess der Vielfalt. Aber auch zusammen mit dem demographischen Wandel und den dadurch bedingten Veränderungen des Lebenswandels wird die Notwendigkeit des (strategischen) *Diversitätsmanagements* oder *Diversity Management* deutlich (vgl. Warmuth, 2012, S.203). Durch die genannten Entwicklungen verändern sich nämlich in der Folge auch Erwartungen und Forderungen von Stakeholdern, sodass immer mehr Kompetenz und Flexibilität der Unternehmen notwendig wird. Das heißt, MitarbeiterInnen müssen immer optimaler eingesetzt und Perspektiven erweitert werden, sodass eine „Perspektivenpluralität" (Hofmann, 2006, S.10) erforderlich wird.

Unter dem Begriff Diversity Management werden verschiedene Ausprägungen des Umgangs mit der sich wandelnden Vielfalt in Unternehmen und Organisationen sowie damit verbundene

Konzepte und Gestaltungen der Diversität gefasst. Dieser Umgang fällt meist sehr unterschiedlich aus, zumal er maßgeblich davon abhängig ist, wie Diversität von Unternehmen wahrgenommen und bewertet wird und inwiefern Unternehmen Entwicklungschancen sowie Wettbewerbsvorteile aus dem Diversity Management herleiten. Aber auch Aspekte wie Organisationsgröße, Branche, geographische Lage oder wie verantwortungsbewusst das Unternehmen ist, nehmen Einfluss auf den jeweiligen Umgang mit Vielfalt (vgl. ebenda, S.33). Analog dazu lassen sich vielfältige Definitionsansätze finden; der folgende Ansatz wurde hier ausgewählt, da er das aktive Auseinandersetzen von Unternehmen mit Diversitäten fordert: „Diversitätsmanagement ist einer der jeweiligen organisationalen Zielerreichung dienender multidimensionaler Managementansatz, welcher gezielt Vielfalt von MitarbeiterInnen sowie für die Organisation relevanter Anspruchsgruppen (…) wahrnimmt, fördert und nutzt" (Bendl, Hanappi-Egger, Hofmann, 2012, S.15). Insgesamt lässt sich sagen, dass Diversity Management zur Qualitätssicherung, bestmöglichen Ressourcenallokation, Mitarbeitermotivation und zur Erzielung von Wettbewerbsvorteilen eingesetzt wird (vgl. Hofmann, 2006, S.10).

Allerdings lässt sich in der Literatur auch der Begriff *Managing Diversity* finden, der zum Teil synonym, zum Teil als eigenständiger Begriff gebraucht wird, weshalb sich an dieser Stelle eine Begriffsdifferenzierung anbietet. *Managing Diversity* meint die Reduktion von Individualität und Benachteiligung mit dem Ziel einer „größtmöglichen Einheit des organisationalen Handelns" (Becker, 2006, S.11). Davon grenzt Becker Diversity Management als „Gestaltungsdimension der Vielheit" und „Spezialisierung durch Aufbau zielbezogener Andersartigkeit" (ebenda, S.12) ab, wobei hier Individualität von großer Wichtigkeit und daher auch erwünscht ist. Individualität wird nicht als gegeben vorausgesetzt und somit der gestalterische Aspekt der Diversität im Arbeitsumfeld betont (vgl. ebenda, S.12). In dieser Arbeit wird jedoch vom Begriff Diversity Management ausgegangen.

Zum genaueren Verständnis wieso Diversity Management vor allem in Unternehmen, aber auch in der Serie sowie im Film *Star Trek* eine wichtige Rolle einnimmt, lohnt es sich, auf die Zusammensetzung von Teams im ökonomischen Kontext genauer einzugehen. Immerhin wird Teamarbeit in jungen sowie etablierten Unternehmen großgeschrieben und stellt einen wichtigen Erfolgsfaktor dar.

2.4 Diversity Management in Teams

Da es sich bei der Zusammenarbeit in Teams oder Gruppen um eine aufgrund von Sozialisation und Gruppennormen erlernte Fähigkeit handelt, kann somit jeder mehr oder minder gut in einem Team/einer sozialen Gruppe arbeiten (vgl. Hermann, 2012, S.266). Folglich kann sich jeder etwas unter dem Konzept der Teamarbeit vorstellen, da es sich in fast allen Bereiche des Lebens (Familie, Schule, Freizeit, Arbeit etc.) wiederfindet und daher nicht nur im ökonomischen Kontext interessant ist. Für die spätere Analyse des Diversity Managements in *Star Trek* soll aber die Definition vor dem Hintergrund der arbeitsbezogenen Teamarbeit Klarheit schaffen. Hierbei handelt es sich um „arbeitsorganisatorische Instrumente" (ebenda, S.265), die Normen und Werte des Unternehmens repräsentieren, da sie meist als Mittel zur Leistungs- und Effektivitätssteigerung sowie zur Erzielung von Wettbewerbsvorteilen eingesetzt werden (vgl. ebenda). Sie steigern also aus klassischer Sicht den Unternehmenserfolg. Teams als solches können zudem eine soziale (Zwangs-)Gruppe darstellen, da sie sich im Arbeitskontext durch die vorgegebenen Strukturen oft nicht freiwillig bilden (vgl. ebenda, S.267). Ein/e MitarbeiterIn kann sich oftmals durch seine/ihre Qualifikation zwar die Abteilung aussuchen, aber nicht die KollegInnen mit denen er/sie zusammenarbeiten muss. Hermann (2012) grenzt Teams von anderen Arbeitsgruppen durch Kooperationskennzeichen und stereotype Berufsbilder ab. Demnach ergibt sich durch eine hochgradig selbstbestimmte Arbeitsweise, die wiederum zur Erreichung eines gemeinsamen Ziels hohe aufgabenbezogene Kooperation und Interaktion untereinander erfordert, ein großer Handlungsspielraum (vgl. ebenda, S.269). Teams können also meist selbst über Aspekte wie Arbeitszeit, -ort, Art und Weise, Arbeitsteilung etc. bestimmen.

Im Diversity Management sind Teams vor allem deshalb wichtig, da sich die bereits erwähnten, durch Sozialisation erworbenen sozio-kulturellen Gruppennormen auch auf das Teamverhalten auswirken. Kulturelle Herkunft, Ethnie, Geschlecht, Alter, soziale Schicht sind nur ein paar dieser, die das Kommunikations- und Konfliktverhalten, sowie die Entscheidungsfindung auch in Teams beeinflussen und so dafür sorgen, dass Denkschemata in diese übertragen werden und/oder gewisse Individuen auch aus diesen ausschließen (vgl. ebenda, S.274). In diesem Zusammenhang werden heterogene und homogene Teams unterschieden: Homogene Teams charakterisieren sich durch eine subjektiv oder objektiv „wahrgenommene" oder definierte „Gleichheit im Wahrnehmen, Denken und Handeln" (ebenda) der Mitglieder. In heterogenen Teams unterscheiden sich die Mitglieder nach „sichtbaren" (z.B. Geschlecht) oder „unsichtbaren" (z.B. Persönlichkeitsmerkmale) Merkmalen und haben dadurch einen höheren

Kommunikations- und Koordinationsaufwand bis hin zu mehr möglichen Konflikten (vgl. ebenda, S.276). Als kritisch anzumerken ist, dass heterogenen Gruppen, aufgrund der durch soziale Kategorisierungen entstandenen unterschiedlichen Denkweisen und kreativen Zugängen größere Innovationsmöglichkeiten attribuiert werden, woraus sich bessere Synergieeffekte ableiten lassen (vgl. ebenda). Allerdings führt Hermann (2012) auch an, dass es sich bei den beschriebenen Arten nicht um fixe Zustände handelt, da sich Teams in ständiger Veränderung befinden. So wirkt auf den ersten Blick jede Gruppe heterogen und jedes Team kann sich im Entwicklungsprozess durch große Gruppenkohäsion und „Wir-Gefühl" (vgl. ebenda) von einem heterogenen zu einem homogenen entwickeln.

Durch verschiedene Teamzusammensetzungen ergeben sich also auch vielfältige Möglichkeiten und Risiken, die die Teamleistung beeinflussen. Aber auch insgesamt lassen sich aus verschiedenen Faktoren Chancen und Risiken des Diversity Managements ableiten.

2.5 Chancen und Risiken von Diversity Management

Um die Chancen und Risiken zu verstehen, werden nachfolgend die verschiedenen Perspektiven bzw. Ansätze und die daraus abgeleiteten Strategien für den Umgang von Unternehmen mit Diversität als Basis dieser Arbeit betrachtet. Dabei gibt es nicht nur eine (Ideal-)Lösung, sondern es werden allgemein die folgenden unterschieden: der Homogenitätsansatz bzw. die Resistenzperspektive, die (Anti-) Diskriminierungs- und Fairnessperspektive, die Marktzutritts- und Legitimitätsperspektive und die Lern- und Effetivitätsperspektive, sowie der Verantwortungs- und Sensibilitätsansatz (Becker, 2006, S.18f.; Dass, Parker, 1999, S.70; Schulz, 2009, S.66; Warmuth, 2012, S.206). Hierbei existieren unterschiedliche Begriffsbezeichnungen; vor allem zur Komplexitätsreduktion werden diese im weiteren Verlauf synonym verwendet. Es stellt sich aber auch die nicht eindeutig beantwortbare Frage wie Unternehmen das Diversity Management implementieren. Faktoren wie die vielfältigen Strategieperspektiven, externer / interner Druck für oder gegen Diversität und welche Bedeutung ein Unternehmen der Diversität insgesamt oder einzelnen Diversitätsdimensionen beimisst (vgl. Dass, Parker, 1999, S.72) sind hier als Einflussfaktoren zu nennen. Aus der Vielzahl von unterschiedlichen Ansätzen und Möglichkeiten wurden die drei folgenden von Dass und Parker (1999) unterschiedenen allgemeinen Implementierungsformen für diese Arbeit ausgewählt, die wiederum je nach Diversity Management-Perspektive verschieden ausgeprägt sind: der episodische, der freistehende und der systemische Ansatz, für die nachfolgend jeweils beispielhafte Maßnahmen genannt werden.

Beim episodischen Ansatz kommt es zu nicht kontinuierlichen und von Kernaktivitäten des Unternehmens isolierten Maßnahmen. Dies lässt sich dadurch begründen, dass das Management hier eine geringe Notwendigkeit für Diversität sieht und Diversity Management folglich nur eine geringfügige Priorität ist (vgl. Dass, Parker, 1999, S.73). Dadurch ergeben sich wenige Möglichkeiten zu ganzheitlichen Veränderungen wie auch die beispielhaften Maßnahmen zeigen (vgl. Dass, Parker, 1999, S.72ff.): Bei der reaktiven Strategie der Resistenzperspektive treten Maßnahmen wie Verleugnung von anderen Ethnien als der bestimmenden Norm, bei der z.b. schwarze MitarbeiterInnen nicht nach Europa geschickt werden, auf (vgl. ebenda). Entstanden vor und während der Bürgerrechtsbewegung in den USA, wo sichtbare Diversität, also solche in Bezug auf Rasse, Nationalität oder Geschlecht, auf Ablehnung, Vermeidung oder Ignoranz traf, ist diese Perspektive heute immer noch in Unternehmen zu finden (vgl. Dass, Parker, 1999, S.69). Diversität wird hier als „non-issue oder Gefahr" und kein Teil der Gruppe (ebenda, S.70) aufgefasst, es entsteht eine „künstliche Gleichheit aller Mitglieder" und teilweise sogar Diversitätsblindheit, bei der Unterschiede zur Norm unerkannt bleiben (vgl. Warmuth, 2012, S.207).

Im Rahmen der defensiven (Anti-)Diskriminierungs- und Fairnessperspektive könnte bei episodischer Implementierung die Gefahr bestehen, bei Diskriminierungsvorwürfen nur oberflächliche Veränderungen durch Workshops für diskriminierte Gruppen durchzuführen (vgl. Dass, Parker, 1999, S.74). Bei dieser Perspektive handelt es sich um ein ethisch-moralisch sowie rechtlich orientiertes Konzept, bei dem Diversität und Unterschiede der Belegschaft als problematisch und nicht erfolgssteigernd für das Unternehmen aufgefasst werden (vgl. Warmuth, 2012, S.207). Folglich sollen die (historisch) benachteiligten Minderheiten in das dominante Ideal assimiliert bzw. genauso wie die Mehrheit behandelt werden. Ziel ist hier, organisationale Probleme rückgreifend auf gesetzliche Rahmenbedingungen wie zum Beispiel Gleichbehandlungsvorgaben, EU-Antidiskriminierungsrichtlinie sowie Affirmative Action in den USA anhand einer defensiven Strategie zu vermeiden (vgl. ebenda; vgl. Warmuth, 2012, S.207). Als kritisch zu sehen sind die Gefahren der oberflächlichen Diversität der Belegschaft und der Einstellung Unqualifizierter aufgrund von gesetzlich erzwungenen Quotenregelungen (z.B. Frauenquote) (vgl. Dass, Parker, 1999, S.71).

Bezüglich der ergebnisorientierten Marktzugangs- und Legitimationsperspektive ergeben sich als episodische Anpassungsmaßnahmen zum Beispiel Fortbildungen für Manager um ein besseres Bewusstsein für u.a. unterschiedliche Ethnien der MitarbeiterInnen zu schaffen (vgl. ebenda, S.74). Bei diesem Verständnis des Diversity Managements wird Diversität gegensätzlich zum vorherigen Ansatz als Wettbewerbsvorteil eingeschätzt, der dazu eingesetzt werden soll, neue, diverse KundInnen und/oder diverse Märkte zu erreichen; langfristige Ziele treten in den Hintergrund (vgl. Warmuth, 2012, S.208). Andere Ziele sind z.B. Kostenreduktion oder Produktivitätssteigerungen durch verbesserte Zusammenarbeit innerhalb des Unternehmens (Dass, Parker, 1999, S.71). Diversität an sich ist hier also „nur ein Mittel zum Zweck" (Warmuth, 2012, S.208).

Des Weiteren wären episodische Workshops und Gespräche über Diversitätsprobleme für das gesamte Unternehmen als proaktive Maßnahmen der ganzheitlichen Lern- und Entwicklungsperspektive möglich (vgl. Dass, Parker, 1999, S.74). Diversität wird hier als Ressource betrachtet und „schließt sowohl das Fairness- und Antidiskriminierungsverständnis als auch das Marktzutritts- und Legitimitätsverständnis von Diversität […] mit ein" (Warmuth, 2012, S.209). Die zentrale Rolle spielt aber das langfristige organisationale Lernen durch Unterschiede genauso wie Ähnlichkeiten der Arbeitskräfte, die als gleich wichtige Einflussfaktoren der Diversität angesehen werden (vgl. Dass, Parker, 1999, S.72). Diversiät wird verstärkt als ökonomischer Erfolgsfaktor genutzt, sodass verschiedene Ziele abgeleitet werden können: „efficiency, innovation, customer satisfaction, employee development, and social responsibility" (Dass, Parker, 1999, S.72; vgl. Becker, 2006, S.19).

Die freistehende Implementierung bietet sich vor allem bei moderatem Druck für Diversität und einer dementsprechend nebensächlichen Wichtigkeit dieser an und sieht demnach auch noch keine ganzheitliche Verankerung in die Unternehmensführung vor. So spielen sich Maßnahmen nur in bestimmten Abteilungen ab oder es kommt zu einem sich teilweise sogar überlappenden Maßnahmenprogramm (vgl. Dass, Parker, 1999, S.73). Mögliche Maßnahmen wären hier zum Beispiel die Fokussierung der Rechtsabteilung eher auf Vermeidung von Gleichberechtigungsmaßnahmen (reaktiv, resistent), Förderungsprogramme für Minderheiten zur Vermeidung von Diskriminierungsklagen (defensive (Anti-)Diskriminierungs- und Fairnessperspektive), Gremien/Abteilungen/Komitees zur Verbesserung der Arbeitsbeziehungen und –abläufe (anpassend, ergebnis-orientiert), Kursangebote zu unterschiedlichen Diversitätsthemen unter der Koordination eines eigenen Abteilungsleiters (proaktive Lern- & Effektivitätsperspektive) (vgl. ebenda, S.74ff.).

Der systemische Implementierungsansatz ist durch die ganzheitliche Integration von Maßnahmen in das gesamte Unternehmen gekennzeichnet. Wodurch bei hohem Diversitätsdruck und Diversität als strategisch wichtiges Thema das Diversity Management schließlich in die Kernaktivitäten integriert (vgl. ebenda, S.73) und implementiert wird. Dieser

Ansatz vereinfacht und ermöglicht zudem viel Flexibilität, Partizipation und Mitgestaltung des Diversity Managements durch die verschiedenen Stakeholder eines Unternehmens. Dadurch ergeben sich sowohl große Möglichkeiten des langfristigen Lernens als auch damit verbundene Herausforderungen, die dafür sorgen, dass ein systematischer Integrationsprozess des Diversity Managements nur langfristig erfolgreich abgewickelt werden kann (vgl. ebenda). Als Maßnahmenbeispiele sind hier zu nennen (vgl. ebenda, S.75ff.): selektive Auswahl der MitarbeiterInnen anhand von Stereotypen (reaktiv, resistent), Mentoring-Programme für Minderheiten zur Assimilation dieser (defensive (Anti-) Diskriminierungs- und Fairnessperspektive), Belohnungssysteme auf jeder Stufe für Diversität (anpassend, ergebnisorientiert) oder langfristige Veränderungsprozesse der Unternehmenstruktur durch Übergangsmanagement oder Action- und Team-Learning (proaktive Lern- & Effektivitätsperspektive).

Schulz und Warmuth fügen zu den vorgestellten Perspektiven und Implementierungsmaßnahmen noch den Verantwortungs- und Sensibilitätsansatz hinzu: Unternehmen, die diesen Ansatz verfolgen, sehen Diversität als strategischen Umweltfaktor, wobei das Management dieser eng in die interne Führungsstrategie und -praxis des Unternehmens integriert wird (vgl. Warmuth, 2012, S.216ff.). Diese gesellschaftliche Orientierung spiegelt sich auch darin wieder, dass hierbei Unternehmen Diversity Management mit dem Ziel gesellschaftliche Verantwortung zu übernehmen implementieren sollen (vgl. Schulz, 2009, S.77), wodurch sie also eine gesellschaftliche Vorbildfunktion übernehmen. Diversity Management lässt sich hier also als ein ganzheitliches, langfristiges Strategiekonzept der Unternehmensführung charakterisieren, was eine kontinuierliche Reflexion und Kontrolle der Zielausrichtung dieser und damit einhergehende Komplexitätssteigerung impliziert (vgl. Schulz, 2009, S.77).

3 Science Fiction

Jeder ist in der Lage sich etwas unter dem Begriff Science Fiction vorzustellen, jedoch ist das heutige Begriffsverständnis von Science Fiction insoweit ausgedehnt worden, dass beispielsweise *Star Wars* und *Matrix* diesem Genre zugeordnet werden, obwohl sie sich thematisch wie auch technologisch grundlegend unterscheiden. Aus diesem Grund ist es nun das Ziel eine kohärente Definition herauszukristallisieren. Der Duden liefert uns eine erste, wenn auch sehr allgemein gehaltene, Umschreibung von Science Fiction:

Bereich derjenigen (besonders im Roman, im Film, im Comicstrip behandelten) Thematiken, die die Zukunft der Menschheit in einer fiktionalen, vor allem durch umwälzende Entwicklungen geprägten Welt betreffen. (Bibliographisches Institut GmbH, 2017)

Thematisch handelt es sich um fiktionale zumeist futuristische Erzählungen, welche eine probable Utopie – eine mögliche gesellschaftliche und technologische Zukunft- abbilden. Somit befindet sich Science Fiction außerhalb der derzeit aktuellen Realität. Es wird eine alternative zukünftige Realität auf Basis von Rationalität konstruiert, wobei das Drehbuch stets in gewissem Maße von der naturwissenschaftlich fundierten Sichtweise abweicht und eine erdachte, fantastische Komponente einbindet: „(…)the plot still needs to leave the scientifically ‚real' and introduce magical inventions." (Kanzler, 2004, S.22). Forschung, Wissenschaft und fortschrittliche Technologien sind somit ein essentieller Bestandteil von Science Fiction.

Puristen setzen an diesem Punkt der Wissenschaftlichkeit an, indem sie den Fokus von Science Fiction deutlich auf das Kriterium der Science legen. Somit müssen per Definition die Erfindungen zwar futuristisch, jedoch im Rahmen der allgemeingültigen Naturgesetze liegen: „ (…)sie sind vielmehr wissenschaftlich vertretbare Extrapolationen, die vom jüngsten Stand der Forschung und Technik ausgehen." Suerbaum, 1981, S.8). All diejenigen, die dieser puristischen Auslegung der Gattung Science Fiction zugewandt sind, gestehen ihr einen prognostischen Wert zu.

Dem gegenüber steht eine universalistische Definition, welche das „Exemplarisch-Menschliche" (Suerbaum, 1981, S.9f.) in den Vordergrund der Gattung Science Fiction stellt. In diesem Fall rückt der Aspekt des Futuristischen in den Hintergrund und der Mensch tritt in den Fokus. Theodore Sturgeon, einer der Mitbegründer und Paten von Science Fiction, äußert sich wie folgt: Science fiction „is a story built around human beings, with a human problem and a human solution(…)" (Goodreads.com, 2017). Der Schwerpunkt verlagert sich hin zum Menschen selbst und weiter weg von dessen technischen Entwicklungen und Entdeckungen.

Science Fiction in einem allgemeinen Kontext umfasst somit alle fiktiven Geschichten, die sich mit heutzutage nicht möglichen oder nicht existierenden Zuständen der Wissenschaft und/oder Gesellschaft befassen und daher letztendlich ein Umdenken sowie einen Fortschritt der Menschheit implizieren. So bestätigt auch Ulrich Broich: „Dementsprechend haben sich in letzter Zeit Definitionen durchgesetzt, die der Science Fiction jede fiktionale Gestaltung anderer Welten oder der Weltveränderung zuweisen." (Broich, 1981, S.63). Ergänzend soll ein starker Bezug auf das soziale Zusammenleben (Fuhse, 2008, S.7) gelegt werden – Science Fiction als Utopie einer fortschrittlichen Gesellschaft.

Das Genre Science Fiction eignet sich dahingehend zur Analyse von Diversität, da eine seiner Hauptintentionen die Überwindung von sozialen und Rassenkonflikten ist und neue Möglichkeiten im Umgang mit der Geschlechterrolle einerseits und dem Umgang mit verschiedenen Ethnien andererseits aufzeigt – eine sozio-kulturelle Auseinandersetzung mit ebendiesen Themen rückt in den Fokus und macht das Genre interessant bezüglich einer Analyse des Diversity Management.

4 Star Trek

4.1 Zentrale Themen

> Der Weltraum, unendliche Weiten. Wir befinden uns in einer fernen Zukunft. Dies sind die Abenteuer des neuen Raumschiffs Enterprise, das viele Lichtjahre von der Erde entfernt unterwegs ist, um fremde Welten zu entdecken, unbekannte Lebensformen und neue Zivilisationen. Die Enterprise dringt dabei in Galaxien vor, die nie ein Mensch zuvor gesehen hat. (Hellmann, 2000, S.133)

Serien und Filme des *Star Trek* Universums laufen nun bereits seit 1966 über die Fernsehbildschirme der ganzen Welt. Mit insgesamt 7 Serien und 13 Spielfilmen (vgl. Trekworld Marketing Gmbh, 2017), genießen die Abenteuer rund um die USS Enterprise einen generationsübergreifenden Stellenwert und eine „breite Massenakzeptanz" (Fricke, 2000, S.119). Dies wird durch die Tatsache unterstrichen, dass dieses Jahr (2017) die siebte Serie „Star Trek: Discovery" an den Start geht.

Die futuristische Umgebung - welche dem Genre Science Fiction typischer Weise inne ist - propagiert ein friedliches Zusammenleben unterschiedlicher Kulturen und Welten in Form einer „toleranten Gesellschaftsordnung" (Wenger, 2006, S.104). Somit wird die Serie zu einem Spiegelbild der Gesellschaft, welche eine „starke Affinität zum ideengeschichtlichen Feld der politischen Utopie" (Fricke, 2000, S.119) aufweist. *Star Trek* als eine Zukunftsvision der Menschheit, die sich moralisch weiterentwickelt hat und zu Reife gelangt ist. Diversität in der Zusammensetzung der Crew ist ein selbstverständliches Element der Serie und unterstreicht Diversity Management als Erfolgsfaktor der Missionen der Enterprise. Im Laufe ihrer Reise kommt es immer wieder zu Kontakten mit fremden Spezies, die es zu verstehen gilt. Als Forschungsmission geht es daher nicht um die Eroberung fremder Welten, sondern um friedlichen Kontakt, Wissensaustausch und technologischen Fortschritt der Menschheit. Die Serie entwickelt sich weiter. Wo es am Anfang noch um die Erkundung des unbekannten Weltraums geht, stehen in *The Next Generation* diplomatische Missionen im Fokus der

Handlung. Die ersten Bekanntschaften wurden gemacht, nun geht es um die Aufrechterhaltung und Pflege der Beziehungen.

Doch in allen Serien geht es letztendlich darum „Konflikte durch Vernunft statt mit Gewalt zu lösen, und Verständnis für andere Lebensformen aufzubringen" (Wenger, 2006, S.109). Das Menschenbild, welches weiterentwickelt ist, als es der heutigen Tatsache, entspricht einem idealisierten Abbild der Realität und der Mensch als reflektiertes Wesen, mit einem unersättlichen Willen neue Dinge zu lernen, gilt als zentrale Ideologie von *Star Trek*. Somit begibt sich die Crew, in Serie und Film, um Kapitän Kirk und seinen ersten Offizier, Commander Spock, auf Reisen durch Raum und Zeit zu fremden, noch unentdeckten Planeten. Der elfte Kinofilm *Star Trek* aus dem Jahr 2009 zeigt die Jugend und Ausbildung von Kirk und Spock sowie das erste Abenteuer der Crew der USS Enterprise aus der originalen Serie aus den 60er Jahren, also eine Art Vorgeschichte. Im Gegensatz zur originalen Serie, ist zu Beginn des Films noch Christopher Pike Captain auf der Enterprise, James T. Kirk gelangt durch einen Trick auf das Schiff und wird später zum Captain befördert. Die Crew wird von einem romulanischen Kriegsschiff unter dem Kommando von Nero angegriffen, der aus der Zukunft kommt und versucht sich an der Föderation und vor allem auch an Spock und den Vulkaniern zu rächen. Zur vergleichenden Analyse des Diversity Managements in *Star Trek* bietet sich der elfte Film trotzdem vor allem deshalb an, da hier die gleichen Charaktere agieren.

4.2 Historischer und gesellschaftlicher Kontext

Bevor mit der Analyse jedoch begonnen werden kann, ist auch eine kurze Betrachtung des historischen und philosophischen Kontextes wichtig. Erfinder Gene Roddenberry nahm vermutlich die meist klischeehafte Darstellung von Frauen und Afroamerikanern im Fernsehen und gesellschaftliche Konflikte vor allem in der Mitte der 1960er Jahre als Anlass für *Star Trek / Raumschiff Enterprise*. So wollte er damit auch „Gesellschaftskritik üben" und die Serie sollte seine Idealvorstellung von der Zukunft wiederspiegeln (Angeli, 2009, S.1). Bestimmend für die 60er Jahre, ein Jahrzehnt des Wandels, waren vor allem in den USA die Diskriminierungen von Afroamerikanern und anderen Ethnien aufgrund der Hautfarbe. Vor allem die Bürgerrechtsbewegungen um Dr. Martin Luther King Jr. und die damit verbundenen gesellschaftlichen Veränderungen prägten auch die Kultur. So setzte Roddenberry schon zu Beginn auf eine Crew aus Weißen (Kirk, Scott, McCoy, Chekov), Asiaten (Sulu) und einer Afroamerikanerin (Uhura) in umstrittener Führungsposition auf der Brücke, was unter anderem für viel Kritik auch von Seiten des Publikums sorgte (vgl. ebenda, S.2). Roddenberry selbst erklärt den Einsatz einer internationalen Crew als Selbstverständlichkeit:

16

Es kam mir keineswegs seltsam vor, dass ich verschiedene Völker auf meinem Schiff brauchte. Vielleicht erhielt ich eine zu gute Ausbildung in der Schule der 30er Jahre, denn ich wusste, zu welchen Teilen sich die Weltbevölkerung zusammensetzte. Ich war bei der Luftwaffe gewesen und in andere Länder gereist. Zweifellos standen uns diese Leute in intellektueller Hinsicht in nichts nach. (ebenda)

Für Martin Luther King Jr. spielte die Besetzung Lt. Uhuras mit einer schwarzen Frau eine große Rolle, er sah darin sogar einen „große[n] [sic] Durchbruch für die Bürgerrechtsbewegung" (Zur Nieden, 2003, S.33). In diesem Zusammenhang sind auch die rechtlichen Entwicklungen, genauer der Civil Rights Act (1964) und der Voting Rights Act (1965) zu nennen, wodurch zwar die Rassentrennung in öffentlichen Gebäuden aufgehoben und das Wahlrecht für Afroamerikaner und andere Minderheiten eingeführt wurde, aber die Diskriminierungen trotzdem anhielten. In der Folge „Bele jagt Jokai" (Staffel 3, Folge 15) wird die Rassendiskrimierung sogar explizit thematisiert (vgl. Angeli, S.2). Aber auch Frauen protestierten immer mehr gegen die hierarchische Geschlechterordnung, sodass auch die Frauenrechtsbewegung dieser Zeit als einer der ersten Schritte zu mehr Gleicheit (z.B. bzgl. Arbeitsrechte, Entlohnung etc.) bezeichnet werden kann. Roddenberry griff diese Entwicklungen insofern auf, als dass er in der ursprünglichen Pilotfolge 1964 „The Cage" die Rolle des ersten Offiziers „Number One" weiblich besetzte. Jedoch wurden seine fortschrittlichen Ideen von den Produzenten von NBC stark zurückgewiesen, woraufhin ein Jahr später eine neue Pilotfolge („Where No Man Has Gone Before", als dritte Folge der ersten Staffel augestrahlt) unter anderem mit veränderter Handlung und männlichem ersten Offizier (vgl. ebenda, S1.).

Zudem beeinflussten die Kubakrise (1963), sowie der Vietnamkrieg (1955-77) die Serie nachhaltig und der Kalte Krieg nimmt sogar eine zentrale Bedeutung für die originale Serie von 1966-69 ein, da dieser „als Deutungsmuster für zahlreiche Episoden, die im Kosmos der Föderation spielen" (Suppranz, 2011, S.119) verstanden werden kann. So wird der Einfluss der zum Entsehungszeitpunkt der Serie auf dem Höhepunkt schwelenden Konflikte des Kalten Krieges zwischen den USA, NATO (Demokratie), der Sowjetunion und China (Ostblock, Komunismus) in mehreren Episoden (z.B. Staffel 2 Folge 19 „Der erste Krieg": Gleichnis für Vietnamkrieg, Staffel 2 Folge 23 „Das Jahr des roten Vogels": Motiv d. Klaten Kriegs) deutlich (vgl. ebenda, S.102 u. S.106). Daher lässt sich der Einsatz eines Japaners (Sulu) aber vor allem eines Russen (Chekov) als Navigationsoffizier auf der Brücke als brisant charakterisieren (vgl. Angeli, 2009, S.2). Des Weiteren lassen sich in den Gegnern der „liberale[n] und demokratische[n] Föderation" (ebenda), den Romulanern und Klingonen, Allusionen an die Gegner der USA wiedererkennen: So lassen sich die Romulaner, als hoch militärische Diktatur mit China, die Klingonen mit der Sowjetunion assoziieren (vgl.ebenda). Auch hier wird wieder

Roddenberrys Idealvorstellung der Zukunft, *Star Trek / Raumschiff Enterprise* als Utopie, sichtbar. So kann die Serie vor dem beschriebenen Kontext als Kritik der nuklearen Rüstung und der schwelenden Konflikte der Ost- und Westmächte verstanden werden (vgl. ebenda, S.119f.). Vor allem die Vorstellung innerhalb der Serie, dass Aufrüsten und Kriege vermeidbar kritisiert, dass die Kriege der damaligen Zeit bloß durch irrationale, automatisierte „militärische[..] Entscheidungslogik" (ebenda) geführt werden.

Allerdings greift *Star Trek / Raumschiff Enterprise* auch den technologischen Fortschritt der Zeit auf, was zum Beispiel die Ausstattung der Enterprise zeigt. Sie besitzt einen Warp-Antrieb für Beschleunigungen auf Überlichtgeschwindigkeit sowie einen Transporter, der das beamen von Personen ermöglichte (vgl. Zur Nieden, 2003, S.32). Aber auch die Crew ist mit vielen technischen Finessen wie zum Beispiel einem Kommunikator (Funksprechgerät), einem Phaser („Strahlwaffe") oder einem Tricoder (Ortungs- und Analysegerät für Lebensformen) (Hector, 2011, S.58) ausgestattet. Auch die konkurrierenden Bestrebungen der Sowjetunion und der USA in der Raumfahrt die Führung zu übernehmen, Wettlauf ins All genannt, und spätestens die erste Mondlandung (1969) beeinflussten in den 1960ern die Entstehung von Serien und Filmen, die in den unendlichen Weiten des Weltraums spielten (vgl. ebenda, S.69); *Star Trek / Raumschiff Enterprise* ist nur eine davon.

Der *Star Trek*-Film von 2009 kam nur ein Jahr nach dem Amtsantritt des ersten afroamerikanischen Präsidenten, Barack Obama, in die Kinos. Man kann also sagen, dass sich seit der Geburtsstunde des Diversitymanagements und des *Star Trek*- Kosmos einiges in Richtung Gleichberechtigung der weißen und schwarzen Bevölkerung getan hat. Trotzdem sind die Rassendiskrimierung und –unruhen noch immer präsent, was nicht zuletzt die Rassenunruhen unter anderem 2014 in Baltimore zeigen. Die Rolle der Frau hat sich insofern gewandelt, als dass Frauen heutzutage in vielen Bereichen teils oberflächlich gleichberechtigt(er) sind, als noch in den 1960er Jahren, sie allerdings besonders im Arbeitsleben immer noch benachteiligt werden. So verdienen Frauen in Deutschland im Durchschnitt 20 % weniger als Männer (vgl. Zeit Online, Reuters, rl, 2017). Auch Roddenberrys Kritik innerhalb der originalen Serie an kriegfördernder Politik und nuklearen Aufrüstung könnte vor dem Hintergrund des Irakkriegs und der Terroranschläge nicht aktueller sein. Diese findet sich also vor dem Hintergrund der erwähnten noch immer aktuellen Konflikte auch im 11. *Star Trek*-Film wieder, sodass die dem Film immanente Utopie einer friedlichen Welt in der Zukunft immer noch erstrebenswert bleibt.

5 Analyse der Diversität und des Diversity Managements in *Star Trek / Raumschiff Enterprise* und *Star Trek (2009)*

Diversity Management, welches in unterschiedlichen Ausprägungen in den Unternehmen gelebt wird, lässt sich ebensogut auf die Science-Fiction Serie *Star Trek* übertragen. Hier ist der Unternehmenserfolg des Unternehmens mit dem Überlebenserfolg des Raumschiffs Enterprise gleichzusetzen. Die ökonomischen Ziele werden somit auf die existentielle Ebene verschoben. In beiden Fällen geht es darum, die vorhandenen, begrenzten Ressourcen optimal und effizient zu verteilen, da vor allem das Humankapital nicht unendlich zur Verfügung steht. Außerdem sind der Markt für das Unternehmen, sowie der Weltraum für die Crew unbekannt. Keiner weiß wie groß das Potential ist und welche Risiken dort lauern. Auch die gesellschaftlichen Veränderungen durch den demographischen Wandel und die Internationalisierung finden sich in *Star* Trek wieder, sie werden sogar weiter gedacht: hier werden Globalisierung und Internationalisierung sogar bis ins Weltall ausgedehnt. Auf einem Raumschiff mitten im Weltall, ist es schwer neue Crewmitglieder zu rekrutieren und daher spielt das Diversity Management eine essentielle Rolle für die Entscheidungen von Captain Kirk. Denn seine Aufgabe als Anführer besteht darin die speziellen Fähigkeiten seiner Crewmitglieder zu erkennen, wertzuschätzen und an den richtigen Stellen einzusetzen. Somit kommt es zu einer bewussten Einbeziehung der Unterschiede. Zumindest von der Besatzung her kann man in der Serie sowie im Film von einer großen Diversität sprechen. Daher lässt sich sagen, dass die Idee der IDIC der ganzen Serie zugrunde liegt. Zunächst einmal hätten wir in Serie und Film Spock als ersten Offizier, der als Vulkanier der einzige Außerirische auf der Brücke ist. Dann haben wir mit Uhura eine schwarze Frau als Kommunikationsoffizierin, Sulu, einen Japaner, als Navigationsoffizier und auch Chekov, einen Russen als Navigationsoffizier. Vor dem historischen Hintergrund ist somit bereits die Besatzung an sich ein großer Fortschritt in der Filmgeschichte und richtungsweisend für das Genre Science-Fiction, da in ebendiesem eine mögliche zukünftige Gesellschaft ohne jedwede Rassenkonflikte projiziert wird - getreu dem Motto von Gene Roddenberry: Infinite diversity in infinite combinations. Teilweise trifft dies bereits auf unsere heutige Gesellschaft zu, denn mit zunehmender Globalisierung werden Unternehmen und einzelne Teams in diesem Unternehmen zunehmend heterogen. Eine internationale Ausrichtung bringt es mit sich, dass Menschen unterschiedlicher Sprachen und Ethnien tagtäglich zusammenarbeiten. Doch wie Kirk als Captain mit dieser Diversität seiner Crew an Bord umgeht, ist die noch viel entscheidendere Frage, der in der nachfolgenden Analyse nachgegangen werden soll. Dabei wird Diversity Management in Bezug auf Ethnie,

Geschlecht und Teamarbeit zuerst jeweils in der originalen Serie und schließlich im Film von 2009 analysiert.

5.1 Ethnie

Wenn man sich zunächst die Beziehung zwischen Kirk und Spock anschaut, der einer anderen Ethnie angehört, erkennt man eine wertschätzende Haltung. In Staffel 1, Folge 10 („Der Zentralnervensystem-Manipulator"), wird deutlich, dass Kirk dessen Stärken genau kennt und sie als Ressource gegen den Eindringling auf dem Schiff nutzt, um diesen außer Gefecht zu setzen. Der Captain wird auf der Brücke mit vorgehaltener Waffe bedroht, daraufhin gibt er Spock ein stilles Zeichen und dieser setzt seine vulkanischen Fähigkeiten ein und überwältigt den Eindringling. Im weiteren Verlauf der Folge ist Spock für die Ermittlung der exakten Koordinaten für das Beamen auf den Planeten verantwortlich. Als Kirk sicher mit seiner Begleitung ankommt, funkt er Spock an und lobt ihn für dessen präzise Arbeit. Somit schafft er ein produktives Arbeitsklima und drückt seine Wertschätzung für die Kompetenz seines Crewmitgliedes aus. Wurden Außerirdische bis zu diesem Zeitpunkt immer als das personifizierte Böse dargestellt, so wandelt sich in *Star Trek / Raumschiff Enterprise* diese Rolle. Spock unterscheidet sich biologisch und kulturell von den Menschen und ist diesen physisch und intellektuell überlegen, doch trotzdem unterwirft er sich ihnen und ist bereit sein Leben für Kirk zu geben (siehe beispielsweise auch Staffel 2, Folge 5 „Die Stunde der Erkenntnis").

In Bezug auf andere Ethnien ist Captain Kirks Verhalten jedoch nicht so positiv zu bewerten. Seinem russischen Teammitglied gegenüber verhält er sich eher als dominanter Anführer, der sein vielfältiges Team nicht wertschätzt. Als Chekov ihm in der zweiten Folge der dritten Staffel „Die unsichtbare Falle" seinen Berechnungen vorlegt, erwidert dieser: „Ich bin überzeugt, dass ihre Berechnungen wieder einmal nicht mit meinen Überlegungen übereinstimmen. Machen sie weiter. Sie lernen es schon noch." In Bezug auf sein russisches Crewmitglied zeigt Kirk also wenig Respekt vor dessen Fähigkeiten, obwohl Chekov in seiner speziellen Position diese Berechnungen kompetenter ausführen könnte als es der Captain kann. Eine Wertschätzung gegenüber seiner Kompetenzen ist daher nicht zu beobachten.

Im Film *Star Trek* von 2009 gestaltet sich das Diversity Management zunächst unter dem Kommando von Captain Pike und anschließend unter Captain Kirk anders. Es wird nämlich immer wieder auf Spocks gemischten kulturellen Hintergrund verwiesen: seine Mutter ist ein Mensch, sein Vater ein Vulkanier. Diese Tatsache wird allerdings von den Vulkaniern als

Nachteil angesehen. So wird Spock als Junge in einer Szene von anderen Vulkanierkindern damit aufgezogen, dass seine Mutter ein Mensch ist und sein Vater einen Fehler gemacht hätte, als er sie geheiratet hat. Im weiteren Verlauf betont sogar ein Minister der vulkanischen Wissenschaftsakademie „It is truely remarkable, Spock, that you have achieved so much despite your disadvantage." (Abrams, 2009, Minute 18ff.) womit er Spocks menschliche Mutter meint, wie er auf Nachfrage von Spock erklärt. Daraufhin lehnt Spock die Aufnahme in der vulkanischen Wissenschaftsakademie ab und entscheidet sich für die Sternenflotte, wo er ein Studium beginnt. Pike vertaut ihm von Anfang an und auch die Sternenflottenakademie schätzt seine intellektuellen Fähigkeiten wert, da er den Kobayashi Maru programmiert, einen unlösbaren Charaktertest für Kadetten, bei dem es hauptsächlich um den Umgang mit einer ausweglosen Situation und das Erleben von Angst geht. Kirk allerdings vertraut Spock und seinen Fähigkeiten nicht von Anfang an, es handelt sich sogar um eine gewisse Rivalität zwischen den beiden, die schon damit beginnt, dass Kirk eben diesen Test bei seinem dritten Versuch manipuliert. Spocks gemischte Identität stellt sich aber als großen Vorteil für die Crew der Enterprise heraus, da er aufgrund seiner Herkunft die menschliche und die vulkanische Kultur miteinander verbinden kann. So ist er die beste Wahl für eine Rettungsmission von Captain Pike, der von Romulanern als Geisel gefoltert wird, bei der auch gleichzeitig rote Materie vom romulanischen Schiff entwendet werden soll:

> Spock: Our cultures'similarities will make it easier for me to access the ships computer to locate the device. Also my mother was human which makes it the only home planet I have left. (Abrams, 2009)

Im ersten Teil bezieht Spock sich auf die Ähnlichkeiten zwischen der romulanischen und der vulkanischen Kultur, weshalb sein Einsatz eine Effektivitätssteigerung bewirken würde. Dieser Faktor ist besonders wichtig, da die Mission unbedingt erfolgreich sein muss, sonst würde der Romulaner Nero die rote Materie dazu verwenden, die Erde zu zerstören. Des Weiteren zieht Kirk als Captain bzw. Chef des „Unternehmens" Enterprise, der im Verlauf des Films gelernt hat, die Fähigkeiten von Spock als Ressource zu nutzen, schließlich einen Wettbewerbsvorteil daraus. Er setzt ihn folglich als multiethnische Ressource optimal für den Überlebenserfolg der Enterprise aber auch der gesamten Erde ein, da die beiden im weiteren Verlauf die Mission erfolgreich abschließen können.

Aber auch auf die spezifischen Fähigkeiten von Teammitgliedern anderer Ethnien wird wertschätzend zurückgegriffen. So verfügt beispielsweise der Navigationslieutenant Sulu über Nahkampferfahrung, genauer gesagt kann er fechten. Captain Pike nutzt diese und setzt Sulu zusammen mit Kirk und einem dritten bei einer Außenmission ein. Die drei sollen eine vom Romulaner Nero zur Zerstörung des Planeten Vulkan eingesetzte Bohrvorrichtung zerstören bzw. stoppen. Dabei müssen sie mit einem Fallschirm auf der Plattform an der Bohrvorrichtung landen und sich gegen romulanische Kämpfer verteidigen. Belächelt Kirk zu Beginn noch die klischeebeladenen und stereotypen Fechtkenntnisse seines japanischen Kollegen, schätzt er sie später wert, da Sulu ihm mit Hilfe seines Katanas das Leben rettet.

5.2 Geschlecht

Um das Diversity Management von Kirk in Bezug auf die Geschlechterdimension innerhalb der Serie anzuwenden, eignet sich die schon angesprochene Folge 10 der ersten Staffel. Dr. Noel, eine erfahrene Psychiaterin, begleitet den Captain auf den Planeten in das Rehabilitationszentrum, um dort nach dem Rechten zu schauen. Als sie vom leitenden Arzt durch die Einrichtung geführt werden, gibt Noel Kirk einen Rat bezüglich eines medizinischen Gerätes. Dieser unterbricht sie und sagt: „Als Captain kann man um Rat fragen, muss ihn aber nicht annehmen." In diesem Fall nutzt er daher nicht die Stärken seines diversen Teams, sondern verlässt sich auf sein eigenes Wissen. Wenig später kommt es dazu, dass er eines der medizinischen Geräte testen will und bitte Noel darum es zu bedienen. Als er jedoch keine Wirkung verspürt, stellt er erneut ihre Kompetenz in Frage. Dieses Verhaltensmuster setzt sich in der nächsten Folge fort (Staffel 1, Folge 11, „Pokerspiele"). Das Schiff wird von einem unbekannten, riesigen Würfel bedroht. Daher wird eine Krisenrunde einberufen, der unter anderem Spock, McCoy, Chekov, Sulu und Uhura beiwohnen. Kirk bittet um Meinungen bezüglich des weiteren Vorgehens, jedoch kommen auch hier nur Spock und McCoy zu Wort. Zwar ist eine Frau anwesend, doch auf ihre spezifischen Fähigkeiten und Kompetenzen wird von Kirk nicht zurückgegriffen. Dies lässt sich mithilfe der Studie von Joecks et al. erklären (vgl. Borchert, 2016, Folie123, siehe Abbildung 2). Wir haben bei der Konstellation nur eine Frau dabei, somit handelt es sich um eine skewed group. Wir haben auch einen dominanten Typ, nämlich den Mann, welcher die Konversation und die Kultur dominiert. Frauen werden als sogenannte „tokens" bezeichnet und nicht aufgrund ihrer Fähigkeiten, sondern nur auf Basis ihres Geschlechts beurteilt. Dies lässt sich auf die gesamte Serie übertragen. Frauen werden in den seltensten Fällen um Rat gefragt, sondern erfüllen stereotype Aufgaben: sie sind die „Sekretärin" des Captains, sie servieren ihm das Essen. Außerdem werden sie auf ihr Äußerstes reduziert. So auch in Staffel 2, Folge 5 („Die Stunde der Erkenntnis") wo das einzige weibliche Crewmitglied der Brücke auf dem Planeten von Chekov umworben wird und nichts Produktives zum Missionserfolg beizutragen hat. Sie dient der Unterhaltung der Zuschauer mit ihrem hübschen Äußeren, ist das Objekt der Begierde und ihr Redeanteil ist ebenfalls marginal. Hier wird also deutlich, dass Kirk sich wieder in erster Linie auf Spock, und damit ein männliches

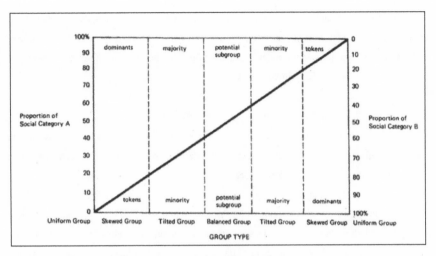

Abbildung 2 Studie Joecks et al.: Relation between gender and board performance

Crewmitglied, stützt und dessen Wissen und Sinne wertschätzend anerkennt und einsetzt. Es lässt sich also sagen, dass Kirk nicht das gesamte Potential seines diversen Teams ausnutzt, obwohl heterogene Gruppen unterschiedliche Denkweisen und kreative Zugänge zu Problemlösungen implizieren, welche man mit größeren Innovationsmöglichkeiten attribuiert, aus denen sich bessere Synergieeffekte ableiten lassen (vgl. Kapitel 2.4 dieser Arbeit).

Vergleicht man diese Erkenntnisse mit dem Frauenanteil im Film *Star Trek*, aus 2009, fällt auf, dass hier insgesamt 6 Frauen auf der Brücke zu sehen sind, also bedeutend mehr, als nur Lt. Uhura in der originalen Serie. Jedoch handelt es sich hierbei nur um unwichtige Nebencharaktere, die nur hin und wieder mal einen Satz sagen dürfen. Anders sieht es bei der Betrachtung von Lt. Uhura aus, der mehr Raum gegeben wird und deren Fähigkeiten betont und auch von Pike sowie Kirk genutzt werden. So werden ihre individuellen Fähigkeiten als Xenolinguistin (sie spricht alle drei romulanischen Dialekte im Vergleich zu ihrem männlichen Pendant) wertgeschätzt und direkt von Pike genutzt, der sie auf die Brücke befördert. Daraus lässt sich eine Entwicklung zur „titled group" schließen, da es mehr Frauen gibt und diese hier als Individuen behandelt werden (vgl. Borchert, 2016, Folie 124). Als „titled group" kann dieses Team auch größere und bessere Leistungen erbringen, da sich zum Beispiel die Risikoaversität von Frauen positiv auf den Erfolg auswirken kann. Im beschriebenen Fall sorgt die Behandlung von Lt. Uhura als Individuum dafür, dass das gesamte Team der Enterprise von ihren Kenntnissen profitiert und sogar vor einem Hinterhalt gewarnt werden kann. Sie hat nämlich eine Nachricht übersetzt, die auf einen romulanischen Hinterhalt hinweist und kann so eine

Vermutung Kirks bestätigen. Allerdings ist hier noch wichtig anzumerken, dass die äußerliche Darstellung der Frauen im Film von 2009 immer noch recht stereotyp ist. Die Uniformen weichen zum Beispiel kaum von denen aus der originalen Serie ab, wodurch die Frau immer noch als Objekt der Begierde in kurzem Rock dargestellt wird.

5.3 Teamarbeit

Bei der Analyse der Teamarbeit in *Star Trek / Raumschiff Enterprise* fällt auf, dass Captain Kirk ein Space-Cowboy und ein starker Charakter ist. Wie bereits an seinem Verhalten gegenüber dem russischen Chekov in der zweiten Folge der dritten Staffel (vgl. Kapitel 5.1 dieser Arbeit) und seinem Verhalten gegenüber den Frauen in der Serie (vgl. Kapitel 5.2 dieser Arbeit) deutlich wird, agiert er als autoritärer Anführer. So setzt er die spezifischen Fähigkeiten und Eigenschaften seines diversen Teams meist nicht als Ressource ein, obwohl eine optimale Ressourcenallokation hier überlebenswichtig ist. Als Ausnahmen hiervon sind nur Spock und McCoy bedingt zu nennen. Im Verlauf der schon angesprochenen ersten Folge der dritten Staffel wird die Enterprise von Romulanern umzingelt, weil sie sich in dessen Gebiet begeben hat. Dass dies reine Taktik war, um im Geheimen die Tarnvorrichtung des Feindes an sich zu bringen, vertraut Kirk nur Spock an. Alle anderen Offiziere des Schiffes, sogar McCoy, ließ er im Ungewissen. Doch sobald es sich um ein medizinisches Problem handelt, ist McCoy sein erster Ansprechpartner und er vertraut seinem Urteil (siehe Staffel 3, Folge 4, „ Kurs auf Marcus 12"). McCoy rät dem Captain dringend davon ab, die Kinder auf den Tod ihrer Eltern anzusprechen, da diese traumatisiert erscheinen. Kirk würde jedoch gerne sofort herausfinden, was auf dem Planeten vorgefallen ist, doch er akzeptiert die fachliche Entscheidungskompetenz von seinem Schiffsarzt und vertraut ihm und seinem Urteil.

Wenn man daher die Konstellation um Kirk, Spock und McCoy betrachtet, sieht man ein homogenes Team. Die drei Männer kennen ihre Stärken und Schwächen untereinander genauestens und wissen diese in den richtigen Situationen einzusetzen. Der Kommunikationsaufwand unter ihnen ist dementsprechend geringer – sie sprechen alle die gleiche Sprache und man vertraut auf die Fähigkeiten des jeweils anderen. Daraus folgt eine gegenseitige Wertschätzung, die den anderen Mitgliedern auf der Brücke mitunter nicht zuteil wird. In der Folge „Pokerspiele" wird dies deutlich, als ein junger Offizier namens Bailey einen Vorschlag macht, um dem feindlichen Würfel zu entkommen. Kirks Reaktion auf dessen Vorschlag lautet: „Ich komme auf ihren Vorschlag zurück, wenn mir nichts Besseres einfällt." Es wird deutlich, dass Kirk den Input, vor allem von rangniedrigeren Crewmitgliedern, wenig beachtet und sich zunächst auf seine Kompetenz und im weiteren auf die von Spock und McCoy verlässt.

Im Film *Star Trek* hingegen zeichnet sich ein anderes Bild. Dort handelt es sich zu Beginn um ein heterogenes Team, was sich noch zusammenfinden muss. Auch hier ist die Teambildung lebenswichtig, da durch die Rettungsmission, zu der die Enterprise am Anfang des Films aufbricht, die Ressourcen, vor allem das zur Verfügung stehende Humankapital, verknappt werden. Es ist für Kirk also umso wichtiger, ein funktionierendes Team zu bilden und das ihm zur Verfügung stehende Potential bestmöglich zu nutzen, um zu überleben. Eine erste Teambildung findet statt als Kirk versucht, McCoy davon zu überzeugen, dass die Enterprise kurz nach dem Start in einen vom Romulaner Nero geplanten Hinterhalt rast. Er erkennt nämlich den Zusammenhang von Weltraumgewitter in der neutralen Zone und einem Bericht über einen romulanischen Angriff auf Klingonen als Hinterhalt wieder, da das Raumschiff auf dem sein Vater diente fast genauso in einen Hinterhalt gelockt worden war. Er spricht dann sofort mit Uhura, die den Bericht über den Angriff auf die Klingonen übersetzt hatte. Im weiteren Verlauf gelingt es ihm, nach einer Diskussion auch Spock und Captain Pike auf der Brücke von seinem begründeten Verdacht zu überzeugen. An diesem Beispiel wird deutlich, dass heterogene Teams oftmals einen höheren Kommunikationsaufwand haben, so muss Kirk mehreren Personen unter vielen Nachfragen seine Vermutung erklären (vgl. Hermann, 2012, S.276). Das zweite Team bildet sich zwischen Sulu und Kirk in der bereits angepochenen Szene auf der Bohrvorrichtung der Romulaner, wo Sulu und Kirk auch eng mit Chekov auf der Enterprise zusammenarbeiten. Dieser nutzt seine Qualifikation und sagt ihnen beim Fallschirmsprung ihre aktuelle Fallhöhe und bringt sich abschließend lebensrettend noch einmal in das Team ein, indem er die beiden aus dem Flug zurück auf die Enterprise beamt. Kurz vor Ende des Films wird besonders die erhöhte Kreativität und Innovation bei der Lösungssuche deutlich. So gibt es hier mehr Partizipation; Kirk setzt hier fast alle individuellen Fähigkeiten und Qualifikationen seines Teams innovativ ein: Er hört sich Chekovs Plan an und befolgt diesen. Chekov berechnet erfolgreich die Route des romulanischen Schiffs, sodass Scott und Sulu die Enterprise zu einer exakten, versteckten Position bringen können, wo Kirk und Spock unerkannt auf das Schiff der feindlichen Romulaner beamen können. Die Kraft des Teams ist auf alle aufgeteilt, sodass das Team nur gemeinsam erfolgreich sein kann. Dadurch entsteht eine größere Kohäsion und ein „Wir-Gefühl" und die Crew der Enterprise agiert homogen, was sich positiv auf die Teamleistung auswirkt (vgl. Hermann, 2012, S.276).

6   Zusammenfassung

Abschließend können wir zusammenfassen, dass das Genre Science Fiction alternative Realitäten und Gesellschaften erschafft, in denen die Menschheit sich moralisch und technologisch weiterentwickelt hat. In unserem Fall von *Star Trek* lässt sich dies anhand der Ideologie Infinite diversity in infinite combinations deutlich erkennen. Wo zu Beginn der Serie in den 60er Jahren Schwarze bei weitem nicht die gleichen Rechte hatten wie Weiße, propagiert die Besetzung von Uhura mit der schwarzen Schauspielerin Nichelle Nichols eine fortschrittliche Gesellschaft ohne Rassendiskriminierung. Somit zeigt die Serie wie auch der Film von 2009 aufgrund seines Teams verschiedener Ethnie, Geschlechter und Glaubensbekenntnisse eine große Anzahl von Diversitätsdimensionen. Aufgrund der vorhandenen Diversität spielt folglich auch das Diversity Management eine entscheidende Rolle. Denn das Überleben des Raumschiffs und seiner Besatzung kann mit dem Überleben eines Unternehmens und dessen Erfolg gleichgesetzt werden. So werden ökonomische Ziele, wie die Effizienzsteigerung zu essentiellen Zielen zum Überleben im Weltraum.

Wenn man nun die Serie und den Film vergleichend betrachtet ergeben sich einige Unterschiede im Umgang mit Diversity Management. In der Serie sind Kirk, Spock und McCoy Dreh- und Angelpunkt des Geschehens. Sie sind die Entscheider und fragen zumeist nur untereinander um Rat. Untern dem Gesichtspunkt von Diversität macht die Serie jedoch für die damalige Zeit gewaltige Fortschritte, indem Sulu als Japaner, Chekov als Russe und Uhura als Afroamerikanerin Teil des Brückenpersonals sind. Ihre speziellen Kompetenzen finden jedoch beim Captain keine große Beachtung. Roddenberry wollte ein Zeichen gegen Rassenhass setzen, doch die Tatsache, dass ein Russe oder Japaner einen amerikanischen Captain belehrt oder gar kritisiert wäre unter den geschichtlichen Umständen wohl undenkbar gewesen. Es wird also deutlich, dass Diversity Management in der Serie nur selektiv gelebt wird. Wertschätzung und Einbindung der spezifischen Kompetenzen erfolgt nur bei den beiden Vertrauten Spock und McCoy.

Im Film von 2009 sieht das jedoch ganz anders aus. Hier lässt sich ganzheitliches Diversity Management identifizieren aufgrund der Tatsache, dass die individuellen Fähigkeiten der Teammitglieder gezielt genutzt werden, um das Überleben des Schiffes zu gewährleisten. Kirk greift auf Sulus Schwertkampferfahrung zurück und verlässt sich auf die Berechnungen und exzellenten Fähigkeiten Chekovs beim Beamen. Auch Uhura tritt der Captain wertschätzend gegenüber und bindet ihre berufliche Qualifikation als Xenolinguistin produktiv ein. Es zeichnet sich eine idealtypische Entwicklung von einer heterogenen Gruppe mit hohem

Konfliktpotential hinzu einem homogen agierenden Team unter partizipativen Führungsstil von Kirk ab. Dessen Führungsstil ist wesentlich weniger autoritär als noch in der Serie.

Letztendlich lässt sich jedoch nur schwer beurteilen, welcher Implementierungsansatz angewendet wurde. Jedoch ist es mit hoher Wahrscheinlichkeit der systemische, weil hoher Diversitätsdruck und viel Diversität auf dem Raumschiff und in der gesamten Föderation gegeben sind. Somit wird die Idee der Globalisierung und Internationalisierung in *Star Trek* auf eine weitergedachte Ebene ausgeweitet. Die, die nun nichtmehr nur die Erde sondern eine ganze Galaxie umfasst. Diversity Management mit intergalaktischen Herausforderungen.

7 Literaturverzeichnis

Abdul-Hussain, S., & Hofmann, R. (2013). *erwachsenenbildung.at*. (BMB, & bifeb, Herausgeber) Abgerufen am 20. Juni 2017 von http://erwachsenenbildung.at/themen/diversitymanagement/grundlagen/dimensionen.php#the_four

Angeli, B. (12. Juni 2009). *Medienheft.ch*. Abgerufen am 22. Mai 2017 von http://www.medienheft.ch/kritik/bibliothek/k09_AngeliBruno_01.html

Becker, M. (2006). Wissenschaftstheoretische Grundlagen des Diversity Management. In M. Becker, & A. Seidel (Hrsg.), *Diversity-Management: Unternehmens- und Personalpolitik der Vielfalt* (S. 5-52). Stuttgart: Schäffer-Poeschel.

Bendl, R. (Hrsg.). (2006). *Agenda Diversität: Gender- und Diversitätsmanagement in Wissenschaft und Praxis*. München: Hampp.

Bendl, R. (2011). Geschlecht* und Geschlechter*verhältnisse in Organisationen. In N. Pauser, & M. Wondrak (Hrsg.), *Praxisbuch Diversity Management* (S. 81-109). Wien: Facultas.wuv.

Bendl, R., Eberherr, H., & Mensi-Klarbach, H. (2012). Vertiefende Betrachtungen zu ausgewählten Diversitätsdimensionen. In R. Bendl, E. Hanappi-Egger, & R. Hofmann (Hrsg.), *Diversität und Diversitätsdimensionen* (S. 79-135). Wien: Facultas.wuv.

Bendl, R., Hanappi-Egger, E., & Hofmann, R. (Hrsg.). (2012). *Diversität und Diversitätsmanagement*. Wien: Facultas.wuv.

Berger, P. A.; Kahlert, H. (Hrsg.). (2006). *Der demographische Wandel - Chancen für die Neuordnung der Geschlechterverhältnisse*. Frankfurt: Campus Verlag.

Bibliographisches Institut GmbH (Hrsg.). (2017). Duden: Science-Fiction, Sciencefiction, die. Abgerufen am 07. Mai 2017 von http://www.duden.de/rechtschreibung/Science_Fiction

Borchert, M. (2016). *Ganzheitliche Unternehmensführung*. Vorlesungspräsentation WS 2016/17, Universität Duisburg-Essen.

Broich, U. (1981). Die thematische Spannweite in Science Fiction. In U. Suerbaum, U. Broich, & R. Borgmeier (Hrsg.), *Science Fiction: Theorie und Geschichte, Themen und Typen, Form und Weltbild* (S. 63-64). Stuttgart: Reclam.

Charta der Vielfalt e.V. (Hrsg.). (2017). *Charta der Vielfalt. Diversity Dimensionen.* Abgerufen am 29. April 2017 von https://www.charta-der-vielfalt.de/diversity-verstehen/diversity-dimensionen/

Dass, P., & Parker, B. (1999). Strategies for managing human resource diversity: From resistance to learning. *Academy of Management Executive, 13 (2)*, S. 68-80.

Dockweiler, R.-M. (2006). Reproduktives Handeln im Kontext wohlfahrtsstaatlicher Geschlechterregime. In P. A. Berger, & H. Kahlert (Hrsg.), *Der demographische Wandel - Chancen für die Neuordnung der Geschlechterverhältnisse* (S. 81-111). Frankfurt: Campus Verlag.

Fricke, D. (2000). Raumschiff Voyager: Das Verhältnis zwischen Föderation und Borg als interkultureller Diskurs? In H. Heinecke, & F. Hörnlein (Hrsg.), *Zukunft im Film: sozialwissenschaftliche Studien zu Star Trek und anderer Science Fiction* (S. 119-133). Magdeburg: Scriptum Verlag.

Fuhse, J. (2008). *Technik und Gesellschaft in der Science Fiction.* Berlin: LIT-Verlag.

Goodreads.com. (2017). Abgerufen am 25. Mai 2017 von http://www.goodreads.com/quotes/514330-a-science-fiction-story-is-a-story-built-around-human

Hector, R. (2011). Das Phänomen "Star Trek". In C. Wagnsommer, & S. Gugerel (Hrsg.), *Star Trek für Auslandseinsätze? Konfliktstrategien und Lösungsansätze für reale Probleme in Science fiction.* (S. 57-71). Wien: Bundesminister für Landesverteidigung und Sport.

Hellmann, K.-U. (2000). Auf der Suche nach der verlorenen Gewißheit - STAR TREK oder Abenteuer des Kulturvergleichs. In H. Heinecke, & F. Hörnlein (Hrsg.), *Zukunft im Film:sozialwissenschaftliche Studien zu Star Trek und anderer Science Fiction* (S. 133-143). Magdeburg: Scriptum Verlag.

Hermann, A. (2012). Diversitätsmanagement in Teams. In R. Bendl, E. Hanappi-Egger, & R. Hofmann (Hrsg.), *Diversität und Diversitätsmanagement* (S. 265-298). Wien: Facultas.wuv.

Hofmann, R. (2012). Gesellschaftstheoretische Grundlagen für einen reflexiven und inklusiven Umgang mi Diversitäten in Organisationen. In R. Bendl, E. Hanappi-Egger, & R. Hofmann (Hrsg.), *Diversität und Diversitätsmanagement* (S. 23-60). Wien: Facultas.wuv.

Kanzler, K. (2004). *"Infinite Diversity in Infinite Combinations" : The Multicultural Evolution of Star Trek.* Heidelberg: Winter.

Liegl, B. (2011). Exkurs: rechtliche Mindeststandards als Grundlage für Diversity Management. In N. Pauser, & M. Wondrak (Hrsg.), *Praxisbuch Diversity Management* (S. 59-79). Wien: Facultas.wuv.

n-tv. (09. Januar 2017). *n-tv: "In den Dax-Vorständen regieren Männer".* (S. Schwetje, Hrsg.) Abgerufen am 11. Juli 2017 von http://www.n-tv.de/wirtschaft/In-den-Dax-Vorstaenden-regieren-Maenner-article19502126.html

Praetor Intermedia UG (haftungsbeschränkt). (kein Datum). *Behindertenkonvention.Info: "Menschen mit Behinderung".* Von https://www.behindertenrechtskonvention.info/menschen-mit-behinderungen-3755/ abgerufen

Scheer, U. (2001). "Geschlechterreproduktionen" in populären Fernsehtexten Oder: Was kann ein weiblicher Captain? In E. Klaus, & J. Röser (Hrsg.), *Kommunikationswissenschaft und gender studies* (1. Auflage Ausg., S. 103-124). Wiesbaden: Westdeutscher Verlag.

Schulz, A. (2009). *Strategisches Diversitätsmanagement: Unternehmensführung im Zeitalter der kulturellen Vielfalt.* Wiesbaden: Gabler Verlag / GWV Fachverlage GmbH, Wiesbaden.

Suerbaum, U. (1981). Definitionsdebatten. In U. Suerbaum, & U. B. Broich (Hrsg.), *Science Fiction: Theorie und Geschichte, Themen und Typen, Form und Weltbild* (S. 8-11). Stuttgart: Reclam.

Suppranz, W. (2011). Star Trek und Kalter Krieg. In C. Wangsommer, & S. Gugerel (Hrsg.), *Star Trek für Auslandseinsätze? Konfliktstrategien und Lösungsansätze für reale Probleme in Science Fiction* (S. 101-121). Wien: Bundesminister für Landesvertidigung und Sport.

Trekworld Marketing Gmbh. (2017). *StarTrek.de*. Abgerufen am 03. Juli 2017 von https://startrek.de/

Universität Oldenburg. (2017). *Online Lexikon zur Kultur und Geschichte der Deutschen im östlichen Europa: Ethnizität*. (C. v. Ossietzky, Herausgeber) Abgerufen am 08. Juli 2017 von https://ome-lexikon.uni-oldenburg.de/begriffe/ethnizitaet/

Warmuth, G.-S. (2012). Die strategische Implementierung von Diversitätsmanagement. In R. Bendl, E. Hanappi-Egger, & R. Hofmann (Hrsg.), *Diversität und Diversitätsmanagement* (S. 203-237). Wien: Facultas.wuv.

Wenger, C. (2006). *Jenseits der Sterne: Gemeinschaft und Identität von Fankulturen. Zur Konstitution des Star Trek-Fandoms*. Bielefeld: transcript.

Zeit Online; Reuters; rl. (2017. März 2017). *zeit.de: "Frauen erhalten ein Fünftel weniger Lohn als Männer"*. Abgerufen am 10. Juli 2017 von http://www.zeit.de/gesellschaft/zeitgeschehen/2017-03/gender-pay-gap-lohnunterschied-frauen-maenner-deutschland-bezahlung-statistisches-bundesamt

Zur Nieden, A. (2003). *GeBorgte Identität: Star Trek als kulturindustrielle Selbstversicherung des technischen Subjekts*. Freiburg: Ça Ira.

Filmographie

Star Trek / Raumschiff Enterprise, UPN, 1966-1969.

Star Trek / Raumschiff Enterprise, „Der Zentralnervensystemmanipulator", 1.10, 1966.

Star Trek / Raumschiff Enterprise, „Pokerspiele", 1.11, 1966.

Star Trek / Raumschiff Enterprise, „Die Stunde der Erkenntnis", 2.05, 1967.

Star Trek / Raumschiff Enterprise, „Die unsichtbare Falle", 3.02, 1968.

Star Trek / Raumschiff Enterprise, „Kurs auf Markus 12", 3.04, 1968.

Abrams, J. J.. (2009). *Star Trek*.

8 Abbildungsverzeichnis

CPSIA information can be obtained
at www.ICGtesting.com
Printed in the USA
LVHW090449301121
704812LV00004B/446

9 783346 503541